Cerddi'r Ystrad

LYN EBENEZER

© 2025 Lyn Ebenezer / Cyhoeddiadau Barddas ©

Argraffiad cyntaf: 2025

ISBN: 978-1-91158-484-1

Cedwir pob hawl. Ni chaniateir atgynhyrchu unrhyw ran o'r cyhoeddiad hwn na'i gadw mewn cyfundrefn adferadwy na'i drosglwyddo mewn unrhyw ddull na thrwy unrhyw gyfrwng electronig, tâp magnetig, mecanyddol, ffotocopïo, recordio, nac fel arall, heb ganiatâd ymlaen llaw gan y cyhoeddwr.

Cyhoeddwyd gyda chymorth ariannol Cyngor Llyfrau Cymru.

Cyhoeddwyd gan Gyhoeddiadau Barddas.

www.barddas.cymru

Dylunio a chysodi: Adran Ddylunio y Cyngor Llyfrau.

Argraffwyd gan Wasg Gomer, Llandysul.

Cyhoeddiadau
barddas

*Cyflwynedig
i Jên,
Dylan a Janet,
Anni a Ffredi.*

*Diolch
am wneud fy mywyd
yn werth i fyw.*

Cynnwys

Rhagair	1

Brwydrau

Trwy Ddrych	4
Gwrthryfel	14
Cân Pádraig Mac Piarais	16
Un o Ddienyddwyr Séamus Ó Conghaile: Carchar Chill Mhaighnean	17
Mícheál Ó Coileáin: Gwersyll y Fron-goch	19
Y Beddau	20
Newid	21

Cerddi'r Bardd Gwlad

Estyn Llaw	28
Unigrwydd	29
Breuddwyd	30
Laudate	31
Y Gors	32
Taith y Pererin	33
Troi a Throsi	34
Pwyll	35
Gadael Tir	36
Y Bugail Da	38
I'r Parch. Elwyn Pryse	39

I Kate Lloyd yn 90 oed	40
I Gofio am Kathleen Meredith	41
Y Drws Agored	42
Ffyliaid Ebrill	43
Ffarwél Agistri	44
Yr Ysgol ar y Rhiw	46

Cerddi'r Wyrion

I Ffredi Mewn Cwsg	50
Ar Fedydd Ffredi	52
Eira Cyntaf Anni	54
Stori Wir	55

Efelychiadau

Ti	58
Cân yr Aengus Crwydrol	61
Lle i Golli 'Mhen	63
Mymryn Bach Tu Hwnt	65
Y Blodyn Gwyllt	66
Canu'n Iach	68
Nefoedd Ronnie	70
Y Sant o Glendalough	72

Gwiriondeb

Baled Dysgu Gyrru	76
Torri'r Gyfraith	80
Twll	82
Castell Aberteifi	84
Cymraeg Rili Gwd	86
Trydargerddi	87
Ysgoldy Gorffwysfa	88
Beddargraff Barwnes	89
Limrigau Amrywiol	90

Nodiadau	92

Rhagair

Cyhoeddwyd fy nghyfrol o farddoniaeth *Cerddi'r Bont* yn 2011, a dyma gasgliad o gynnyrch y blynyddoedd dilynol. Ffrwyth cystadlaethau eisteddfodol yw amryw o'r cerddi, yn arbennig Eisteddfodau Pantyfedwen, Pontrhydfendigaid, Eisteddfodau'r Hoelion Wyth a gwahanol dalyrnau.

Diolch i Barddas am y cyfle i gyhoeddi'r cerddi. Diolch yn arbennig i Bethany Celyn am ymgymryd â'r gwaith golygyddol.

Yr 'Ystrad' yn y teitl, wrth gwrs, yw Ystrad Fflur; y fangre sancteiddiaf a'r agosaf at y nefoedd – yn ysbrydol os nad yn ddaearyddol.

Lyn Ebenezer
2025

Brwydrau

Trwy Ddrych

Er cof am Wncwl Dai
1899–1918

… Or are you a stranger without even a name
forever enshrined behind some glass pane
in an old photograph, torn and tattered and stained
and fading to yellow in a brown leather frame?
'No-man's Land', Eric Bogle

Tu ôl i'r gwydr cymylog gwelwn ef,
ei wyneb clwyfus mewn ffrâm eboni
ynghrog uwch coffor derw'r parlwr cefn,
ei lygaid pŵl drwy'r sepia'n holi:
'Pam?'
Ac ar y bwrdd,
cawlach dalennau yn un bwndel blêr
wedi hen fraenu a memrynu mewn rhyw ddrôr,
a'u lapio ynghlwm mewn magl o ruban du.
A minnau'n cwtsio'n dwt ar arffed Mam
mor glyd ag iâr yn gori,
yn cymell eto'r stori
am hwn tu ôl i'r gwydr a lenwai'r ffrâm.

Hithau'n plycio deupen brau dolen ei chof
gan ddatod yr hanesion
a'u gollwng unwaith eto'n rhydd,
yn haid gyfarwydd o atgofion chwâl
i wibio'n driphlith draphlith
fel rhuthr o golomennod
drwy fy mhen,
a'r llun tu ôl i'r gwydr
yn gryndod byw drwy lewych fflam y lamp.
A Mam yn cofio, ffwndro a chofio eto
bob yn ail ...

* * *

Dai Bach Tycefen
yn crio yn y ffos,
ddim am fod yn filwr
ym mrwydr sgwâr Ffair Rhos.

Dai Bach ddim eisie
bod yn un o'r gang
gyda'u gynnau brigau cyll
a'u gweiddi 'Bang! Bang! Bang!'

'Dai, Dai, bola clai,
piso'n gwely bob nos Iau!
Dai, Dai, babi mam,
bwyta bara sych a jam!'

Dai Bach yn gonshi,
ofni'r bechgyn cas,
Dai'n rhedeg adre
a chwt ei grys e mas.

* * *

I'm brawd a'm chwaer yng nghyfraith,
gair byr o faes y gad,
mae'r haul yn gwenu dros y Ffrynt
er bod hi'n wlyb dan dra'd;
mewn pâr o sgidie Crydd Penbanc,
heriwn yn hapus unrhyw danc!

* * *

'Dai, Dai, Cristion cul,
yng Nghaersalem bob dydd Sul!
Baptists, Baptists, pobol gas,
mynd i Uffern heb ddim gras!'

Twm Crydd yn dweud am Iesu
yn gwella'r claf a'r crin,
am flasu bara'r bywyd
ac am droi'r dŵr yn win.

Dai'n cario blwch y casgliad,
cofio'r Deg Gorchymyn,
sythu'i dei wrth weld ei lun
yn sglein ar blât y Cymun.

Dai yn dweud ei adnod,
cofio'r geiriau gwiw:
'Gwyn fyd y tangnefeddwyr,
cânt fod yn blant i Dduw.'
Listio ym myddin Iesu,
ffyddlon hyd ei fedd,
Dai nawr yn filwr bychan
heb ddysgu trin y cledd.

* * *

Mae'n wanwyn yma'n Fflandrys,
a'r egin ceirch yn ir
yn ffrwydro'n wyrdd drwy'r gramen –
mae bywyd lond y tir;
ond plygu'n bendrwm fel mewn galar
wna'r pabis coch ar ben pob talar.

* * *

Dai Bach yn mynd ben tymor
yn hogyn gyrru'r wedd
heb ddim ond cwyn gylfinir
i darfu ar ei hedd,
a nudden ysgafn llwch ei og
yn arogldarthu uwch y glog.

Penlinio i dorri'i syched
wrth Ffynnon Penwern-hir,
llowcio o'i hoerni balmaidd,
ac yn ei dyfroedd clir
ei lun yn syllu'n ôl yn dawel
cyn crychu'n chwâl dan blwciad awel.
Gosod helm a mwdwl,
'redig y braenar llaith;
mab y fferm yn dod i'w oed,
Dai yn colli'i waith.
Yna gorchymyn croch, 'I'r gad!
Dai Bach, mae d'angen ar dy wlad!'

* * *

Mi es i'r eglwys echdoe,
yn un o chwech neu saith,
doedd neb yn adrodd adnod,
na chodi canu chwaith;
cofiais am gôr Caersalem lân
lle na bydd diwedd byth i'r gân.

* * *

Dai Bach Tycefen,
ei fam yn pacio'r gist,
mynd yn filwr bychan,
ond nid ym myddin Crist;
a'r dwylo gynt fu'n agor grwn
yn paratoi i danio gwn.

Allan gydag Esther
hyd yr oriau mân,
talu'r gost am gysgu'n hwyr,
ei hel i uffern dân.
'Dai, Dai, o'r fath stynt,
cael dy yrru'n syth i'r Ffrynt!'

* * *

Oes grug ar Ben y Bannau?
Yw Banc Llwyn Mwyn yn âr?
Ddaw'r gwcw 'nôl i berth Penbanc?
A beth am Fois y Sgwâr?
Yw Shanco'n dal i dynnu coes?
Yw Ianto'n dal i dynnu'n groes?

* * *

Ffarwél i Stesion Strata,
rhaid ceisio gwisgo gwên
a chuddio'r ochain crio
dan chwiban croch y trên;
ffarwél i'r gŵys, ffarwél i'r gân,
ffarwél i blant Caersalem lân.

Tuchan cras yr injan,
olwynion yn creu mydr,
stêm yn cymylu'r ffenest
fel amwisg dros y gwydr;
ac yntau'n gweld ar draws ei lun
ddafnau a dagrau'n llifo'n un.

* * *

Wel, shwd mae f'annwyl chwaer a'r plant?
Shwd maen nhw yn Nhycefen?
Yw 'Nhad yn canu 'Ffon fy Nain'?
Fydd Mam ar brydiau'n llefen?
A chofia ddweud wrth Esther, wir,
y gyrra i air bach cyn bo hir.

* * *

Dai yng ngwres y frwydr,
bidog, gwn a nwy,
yn y rhyfel wnâi roi pen
ar bob un rhyfel mwy;
ac wrth weddïo am gael byw,
amau bod Iôr yn drwm ei glyw.

Yn grwm uwch allor uffern,
y cymun olaf gaed,
briwsionwyd bara'r bywyd,
trodd dŵr y ffos yn waed;
a'r gwas fu'n arddu'r mawndir garw
yn awr yn dysgu sut i farw.

Rhywle yn naear Fflandrys
mae llanc sy'n un â'r tir
mewn pridd sy'n llai trugarog
na mawnog Penwern-hir,
a nudden slei yn llenwi'r ffos
gan lapio corff Dai Bach Ffair Rhos.

* * *

Mae'r pwsh i gychwyn dradwy,
o leiaf, dyna'r si,
wna'r rhyfel 'ma ddim para'n hir,
mae Duw o'n hochor ni;
ac felly, Meri Ann a Moc,
siawns fyddai'n ôl i'ch gweld chi toc.

* * *

… Mae llygaid pŵl y llanc tu ôl i'r gwydr
yn dal i holi:
'Pam?'
A minnau gryn gan mlynedd wedi'i dranc
o hyd heb fedru ateb.
Eto fe syllaf arno yn ei ffrâm,
ac yntau'n dal yn ugain namyn un,
yn gaeth i'w fythol laslencyndod.

Ond weithiau,
pan ymwthia llafn o fachlud haul
yn sydyn slei fel bidog rhwng y bleinds,
gan hollti myllni trwm y parlwr cefn
a gwanu'r llun,
arlliw rhyw wyneb arall fydd i'w weld
yn wawl o gryndod gwelw yn y gwydr.
Allan drwy'r niwl lledrithiol,
henwr sy'n sbio arnaf;
gwelaf fy wyneb i fy hun yn syllu 'nôl.
Bryd hynny,
fi bellach ydi ef;
ef ydw i.

Yna daw mwmian canu Mam yn ôl
i ailgyfannu'r llun,
a minnau unwaith eto yn ei chôl
yn siglo a cheisio uno
yn ei chân ...

'Dai Bach-y-sowld-iwr,
Dai Bach-y-sowld-iwr,
Da-ai Bach-y-sowld-iwr
a chwt ei amdo m-a-a--s ...'

Gwrthryfel

Bore Llun y Pasg, 1916, Baile Átha Cliath,
'Enough to know they dreamed ...'

Bu'r nos yn hir,
ond nawr mae gwawr yn llithro'n slei
dros fryniau glas Cill Mhantáin,
yr haul yn dalp o sebon gwelw
mewn awyr sydd mor llwyd
â dŵr ym mhair y golch.

Araf yw'r ddinas i ddeffro o'i hepian hir
a llonydd yw'r lonydd,
ond am ambell straglyn
sy'n smicio'n y lledoleuni,
fel aderyn caets syfrdan
a synnwyd gan agoriad sydyn llenni
ar barlwr lle mae corff
yn disgwyl gwylnos.

Eraill sy'n rhegi'n floesg ger y pontydd
gan dyngu eu llwon 'byth-eto'
wrth araf sobri'n edifeiriol wedi'r sbri,
fflamau tanau'r tai potes
wedi hen ddiffodd
a'r marwor wedi chwalu'n lludw a llwch.

Rhai, er hynny, â hyder nerfus yn eu hosgo
sy'n effro nawr i'r wawr ddiatal,
a gafaeliad eu dwylo'n dynn
am obeithion eu breuddwydion brau.

Cân Pádraig Pearse

'A waste of breath the years behind
In balance with this life, this death.'

Myfi yw'r ffŵl a garodd ei ffolineb,
ei garu fel y carodd Crist ei Fam;
tynghedwyd fi i ddilyn ffyrdd gwarineb
heb amau dim na meddwl gofyn pam.
Fy nhadau gynt, fel minnau o'm plentyndod,
fu'n drwm dan iau, â meistri arnom oll;
ni fedrwn oedi mwy, daeth gwawr gollyngdod,
yr awr i adfer ein canrifoedd coll.
Y dynion doeth wnaeth annog i ni bwyllo,
ond dyma'r dydd i daro, nawr neu fyth,
nyni ein hunain mwy, heb neb i'n twyllo,
y siwrnai sydd o'n blaen sy'n llwybr syth.
Â'n gafael yn y Groes ac yn y gwn,
ni ddaw ailgyfle wedi'r cyfle hwn.

Un o Ddienyddiwyr Séamus Ó Conghaile: Carchar Chill Mhaighnean

'A terrible beauty is born ...'

Ni wn pwy oedd y dyn oedd wrth y stanc
yng Nghwrt y Torrwyr Cerrig, dim ond llanc
o filwr oeddwn i, yn gwneud ei waith,
ond gwyddai iddo gyrraedd pen ei daith.

Fe'i cludwyd o'r ysbyty'n welw'i lun
a'i rwymo'n dynn a diogel wrtho'i hun.
Ar draws ei wedd lledaenai gwawl o hedd
wahoddai ddyn i weddi, nid i fedd.

Hwyrach na wyddom beth yw'r grym a wna
droi dyn yn wrthryfelwr yn enw'r gwâr a'r da.
Clywais ddywedyd iddo garu'r werin,
a hynny'n ddyfnach nag y carodd Erin.

Fe drodd ei lygaid ataf, llygaid brawd,
a chyn i'r hyrddiad marwol rwygo'i gnawd,
o ddyfnder eitha'i fod, clywais ei lef:
'Fechgyn, closiwch yn nes! ... Anelwch! ... Taniwch!'
A Dduw mawr, fe wnes.
Ond milwr, dim ond milwr oeddwn i.
Ni wyddwn pwy oedd ef.

Mícheál Ó Coileáin: Gwersyll y Fron-goch

*'There's nothing but our own red blood
Can make a right rose tree.'*

Un act ar lwyfan hanes fu ein drama,
un wythnos bêr dan garpiog faner werdd
cyn gostwng cwr y llen ar banorama
malurion chwâl. Ond erys ambell gerdd
am griw o ffyliaid fynnodd ganlyn delfryd
ddrylliwyd a malwyd ar balmantau'n sarn;
a ninnau'n gaethion yma yng ngwlad ein cefndryd,
ein Mynydd Tara mwy yw Bryn y Garn.
Fe'n taflwyd yma i bydru'n ein trueni,
ond dal i losgi'n fud wna tanchwa'r Pasg,
ninnau, o'n hyrddio ynghyd i'r Pair Dadeni
ailgodwn, ailafaelwn yn ein tasg;
mae'r fflam a daniodd Finn ar fin ailgynnau,
a'r cyffro'n wyrdd ar frigau'r pren rhosynnau.

Y Beddau

'... While those dead men are loitering there
To stir the boiling pot.'

Yn dyllau hyll ym mhenglog
Cnoc an Arbhair,
crechwena pymtheg o feddrodau gwag
fel safnau blysiog cywion adar cyrff
yn disgwyl am eu hysbail.
O'u cwmpas
ymsytha catrawd o lilïau'r Pasg;
codant eu pennau'n uchel,
heriant fwledi'r glaw
wrth gyfarch gwawl
bore o wanwyn hwyr.

Newid

'Diolch i ti am daro heibo, Jac,
mor falch dy fod ti wedi galw draw;
prin iawn ga i gyfle i dorri gair ag unrhyw un
y dyddie hyn;
mor hir ma'r orie'n llusgo.
Ie, yma'n y parlwr fydda i'n cysgu nawr;
y steire braidd yn serth, Jac bach,
a'r hen benlinie 'ma yn dechre rhoid.
Ddaw henaint ddim 'i hunan, medden nhw.
Cofia, ma' codi'r gwely 'lawr fan hyn
yn help i 'sgawnu'r baich i bawb.
Fues i ddim erio'd yn dreth ar neb;
sa i isie dechre bod yn drafferth nawr.'

Yna, rhyw daflu trem atgofus
tuag at yr addurniadau pres
fu'n gwisgo ystlys, bron a thâl
Darbi a Bess a Lock;
rhes o hen heuliau disglair ddoe
yn sbloet ar hyd y trawst
uwchben y stof ddi-fflam, mor oer ag arch,
lle gynt bu fflamau cyrliog tân-ar-lawr.
A rhwng y brasys gloywon bob yn ail,
y cardiau coch, ac ambell las a melyn,
llwyddiannau'r cesyg mwyn
mewn sioe a ffair a gŵyl hen ddyddiau gynt.

'Odi, mae'n neis ca'l cwmni weithe, Jac.
Mae'r mab mor fisi gyda'r seilej, t'weld.
Ei wraig?
Athrawes Susneg yn yr Ysgol Fowr yw hi.
A'r plant?
Mae ganddyn nhw eu stafell fach eu hunen.
Fe wnân nhw daro heibo bron bob nos
wrth ddringad i'w gwelye lan y stâr
i weud, "Night-night, Dad-cu".'

Drwy'r ffenest gwêl y ffridd
fu gynt yn drichae –
Cae Ffrynt, Cae Ffynnon a Chae Lloi –
bellach yn un-cae maith, dienw a diderfyn
heb glawdd pentalar i gael hoe a smôc,
na pherth lle gall pioden sgrechlyd wneud ei nyth.
Heddiw mae'r ceirch yn tonni yn y gwynt,
ond dim byd mwy i ddangos yr hen ffiniau
wahanent ac a unent dri chae gynt.

'Ydyn, Jac bach,
ma' pethe 'di newid pŵer, fel ti'n gweld,
er gwell, 'na ddywed rhai, 'ta beth.
Tŷ haf yw'r stabal fan'co erbyn hyn;
dim rhastal gwair a dim gweryrad mwy.

Ond dyna fe,
beth gwell yw dyn ga'l stabal
os nad o's yna gobie'n cico'r stâl?
Rhyw bâr o Birmingham sydd yno nawr;
pobol bach eitha neis;
whilo am le i setlo ma' nhw, sbo.
Leico'r unigedd, t'weld, y nhw a'u plant.
Rhaid symud gyda'r ffasiwn,
debyg, Jac.
Yr ifanc bia'i heddi – fory 'ed –
ma'n dyddie ni 'di mynd, Jac bach,
'di mynd …'

Llwnc o ddŵr.
Pesychiad ac ochenaid,
ei fysedd crin yn plycio gwrymiau'r cwilt,
a'i lygaid yn cau'n araf.
Ni wêl yr horwth dur
sy'n grwnian heibio'r ffenest,
na'i glywed chwaith.
Mae'n deffro.

'Mor fuddiol yw'r ffenestri gwydyr dwbwl 'ma;
dim smic o sŵn; dim drafft.'

Yna'n ailsuddo i'w bendwmpian swrth.
Ond wrth i'r combein boliog siglo'r tŷ,
gan araf rygnu ar ei ffordd i'r ffridd
i lyncu a chwydu'r ceirch,
fe ddeil y tlysau pres,
regalia hir deyrnasiad Darby a Bess a Lock
yn gryndod ar y trawst,
tra bo' clychau harnes yn atseinio'u tincial lleddf.
Yn raddol, ymdawelant,
heb ddim i darfu bellach ar y naws
ond anadliadau trwm
hen arddwr erwau ddoe ar erchwyn cwsg.

Cerddi'r Bardd Gwlad

Estyn Llaw

Emyn

Pan fwyf yn gaeth heb neb yn galw draw
a mwstwr cras y cread yn ddi-daw,
pan fyddo cwsg mor bell
ag atgof dyddiau gwell,
rhwng bariau drws fy nghell,
estyn Dy law.

Pan fo diferion llygredd lond y glaw
a'r ffynnon wedi'i thagu gan y baw,
diwalla'm syched crin
drwy estyn at fy min
y dŵr a dry yn win
yng nghledr Dy law.

Pan ddelo'r dydd, a gwn yn siŵr y daw,
y clywaf drwst taranau brenin braw,
pan fyddo 'nghorff yn ddellt
gan frath chwipiadau'r mellt
fel gwlith dros frig y gwellt,
anwesa'm llaw.

Unigrwydd

Er cof am fy ffrind gorau a'm cymydog agosaf, Selwyn Jones

> '*Ow! Fory-a-ddiyn-Heddiw-a-ddilyn-Ddoe ...*'
> *R.W.P*

Mae'n hwyr, a minnau'n hel meddyliau mân
wrth grymu'n bendrwm allan ar y fainc,
pob heddiw'n dilyn ddoe yn ddiwahân,
pob ddoe yn dilyn echdoe mor ddi-gainc.
Uwchben mae cryman lloer yn cropio'r cawn
sy'n drwch fel rhawn ar wegil Banc Brynmwyn,
daw crawc rhyw lyffant blin o'r hen bwll mawn
a hwtian gwdihŵ o Goed y Twyn.
Ar bendraw'r lawnt mae cath yn stelcian prae
sy'n cuddio yn y crinwellt rhag ei ffawd,
cyn hir fe gwyd ochenaid fer o wae
o deimlo brath y dannedd yn ei gnawd.
Fel hyn yr aiff pob nos o golli Sel,
a'r gwdihŵ'n adleisio fy ffarwél.

Breuddwyd

Er cof am Sel

Pan ddaethost, Sel, i'n plith roedd gen ti freuddwyd,
dy weledigaeth wiw dros uno bro,
breuddwydiaist am greu ardal fyddai'n wynfyd
lle câi diwylliant fyw a ffynnu dro.
Mewn pwyllgor, draenen oeddet ti yn ystlys
y deinosoriaid fynnent ildio i'r drefn,
dy gymwynasau'n aml yn anhysbys,
cariaist y gwan a'r gwamal ar dy gefn.
Bob Sadwrn yn y Red yn ledio emyn
a dal pen rheswm croch ar fraich y sgiw,
ond yn y capel fyddet fore wedyn,
dy hyfryd fan le medret droi at Dduw.
O'r had a heuaist ti, y grawn a fedwyd,
mae'r freuddwyd eto'n fyw er colli'r proffwyd.

Laudate

*I Neli Jones, Brenhines y Tannau,
yn bedwar ugain oed*

Dy orchwyl yn ein byd yw hulio cân
drwy hidlo dros ein herwau nodau pêr,
rhai'n dyner, rhai'n sbarduno fflamau tân
gan godi fry ein hysbryd tua'r sêr.
Yng nghysegr Rhydfendigaid lluniaist nyth
i feithrin cenedlaethau o'r hen blant,
rhoist iddynt wreiddiau na wnânt grino byth
a'u trwytho'n gain yng ngwerthoedd sain a thant.
Mewn steddfod neu gymanfa, mawr neu fach,
mewn bedydd neu briodas, pêr dy waith,
ac ar amserau dwys o ganu'n iach
dy nodau a oleuai'r ddyrys daith;
ond nawr, mewn cywair llon, estynnwn ni
ein diolch am dy lafur cariad di.

Y Gors

*Er cof am J. Kitchener Davies
a fagwyd ar ymylon Cors Caron*

Ar fin y ffordd, ar gyrion fferm Maes-llyn,
  fe godwyd lloches glyd lle cedwir oed
  gan heidiau hafaidd pererinion syn
  yn sbecian ar y gors heb wlychu troed.
Cynhyrfant o weld campau'r barcud coch,
  rhyfeddant at y meillion rhwng y cawn,
  ac er mwyn cadw'u gwinllan rhag y moch,
  gofalant fod y blychau casglu'n llawn.
Mor hynod iddynt, ac mor bitwrésg
  yw murddun chwâl lle nytha sigl-di-gwt,
  ac wedi tynnu llun o'r tirwedd llesg,
  enciliant i'w tai haf a'u gerddi twt;
ond clyw rhyw lyffant bloesg wrth lygadrythu
atsain hen iaith yn sŵn y gwynt sy'n chwythu.

Taith y Pererin

Yn angladd Charles Arch

Nid murmur mae y dail yn Ystrad Fflur,
rhyw ochain glywir heddiw yn y gwynt
wrth i'n ymgasglu rhwng y pedwar mur
i'th hebrwng tuag adre ar dy hynt.
A thithau yma lle bu dechrau'r daith,
cei grwydro eto lwybrau dy blentyndod,
un llaw'n anwesu gwar dy gaseg fraith
a'r llall yn dal y ffrwyn heb unrhyw gryndod.
Os gwag yw'th gadair nawr yn Nhŵr y Sioe,
erys dy lais o hyd yn llais y werin,
ac er i'r amser ddod i ti gael hoe,
hen siwrne ddi-droi'n-ôl yw taith pererin.
Ond ni all bedd nac arch na phridd na maen
dy atal di rhag dal i gerdded 'mlaen.

Troi a Throsi

Ymson Dawn Jones, Machynlleth.
Llofruddiwyd ei merch bum mlwydd oed, April Jones,
yn 2012 ac mae ei chorff yn dal ar goll.

Rhyw syrthni ddaeth i hercian bys y cloc
heb ffiniau clir i rannu nos a gwawr,
mae nawr yn bump, bydd yn goleuo toc,
pob munud cloff sy'n llusgo fel 'tai'n awr.
O'r stryd fe glywaf gân rhyw feddwyn llon
sy'n cicio potel wag o dinc i dinc,
mae'n dôn reit lon, yn ddealladwy bron;
nid arno ef mae'r bai na chysgaf winc.
Unwaith, ni fyddai cwsg yn hir cyn dod,
mi gysgwn ar lein ddillad, meddai Mam,
ond unwaith eto does dim cwsg i fod,
ddim nos yfory chwaith; na holwch pam.
Pryd gaf i gysgu eto? Duw a ŵyr –
ddim nes cau arch sydd heb ei llenwi'n llwyr.

Pwyll

Er cof am Raymond Osborn Jones.
Un o'i hoff ymadroddion oedd: 'Hei, slowa lawr, achan!'

Crwydraist filltiroedd byr dy oes
rhwng Gwnnws a Thregaron,
ac yn dy fag drysorau llên
fel Dic o Aberdaron,
a chodai dy chwerthiniad iach
rhwng Craig y Bwlch a Bwlch Graig Fach.

Crwbanu wnâi dy dractor
o Lwynmalus i'r siop,
a chynffon hir o draffig
ar brydiau'n dod i stop,
cyrn croch yn udo, pawb ar frys –
tithau'n eu gwawdio â dau fys.

Heddiw mae'r ceir yn rhuthro
yn wallgof hyd y fro
heb ddim i'w hatal bellach
rhag gyrru pawb o'u co';
mae'r byd yn troi'n rhy gyflym nawr
heb un fel ti i'w slowo lawr.

Gadael Tir

*Er cof am Paul, ffrind o bysgotwr, a glymodd
angor ei gwch am ei wddf a neidio i'r harbwr*

Mae 'na gwch bach yn hwylio mas heno
tan gwmwl gwylanod croch,
ei gyrchfan yw Hafan yr Heli
draw, draw dros y tonnau ffroch.

Ar Ynys Afallon mae'r hafan,
yn swatio yn dwt yn ei chôl,
ac yno bydd nef pob hen longwr
pan ddaw'r penllanw ola' i'w nôl.

Yn y dafarn yn Hafan yr Heli,
mae'r clychau stop tap oll yn fud,
mesurir yr âl fesul galwyn,
ac mae gwên merch y bar yn llawn hud.

Fydd 'na ddim llestri gwag i'w gweld yno,
ar y bwrdd bydd pob gwydr yn llawn,
cewch yfed eich gwala drwy'r bore,
a chewch chwyrnu fel morlo drwy'r pnawn.

Ac yna dihuno'n y cyfnos
a'r gwydrau yn dal hyd y fil,
fydd yno'r un landlord i'ch dwrdio,
a phwysicach na dim, fydd dim til.

Fydd gwaith ddim yn galw o gwbwl,
dim angen pysgota yntôl,
bydd y mecryll yn neidio i'r ffreipan,
ac wedyn o'r ffreipan i'ch côl.

Mae 'na gwch bach yn hwylio mas heno,
ac mae'r Capten yn chwifio o'r trwyn,
ei gyrchfan yw Hafan yr Heli,
'Mordaith dda i ti, hen gyfaill mwyn.'

Y Bugail Da

*I nodi ymddeoliad y Parch. Lewis Wyn Daniel fel gweinidog
Rhydfendigaid, Caradog a Swyddffynnon yn 2019*

Atom, ddiadell goll, daeth bugail mwyn
i'n harwain drwy'n diffeithwch creigiog, cras,
i fan lle llifa'r afon rhwng y brwyn
at diroedd âr lle tyf y borfa'n las;
yn adwy'r gorlan, dal a wnest dy dir
a'n cynnal yn ddiogel rhag y blaidd,
dy ffon yn amddiffynfa dros y Gwir,
aberthu wnaet dy einioes dros dy braidd.
Ond nawr daeth adeg i ti gymryd hoe,
amser i bwyso'n drymach ar dy ffon,
dy lygaid ar yfory, nid ar ddoe
gan wybod fod dy braidd yn garfan lon;
boed i ti seibiant hir ar dir y byw
cyn croesi'r rhyd fendigaid at dy Dduw.

I'r Parch. Elwyn Pryse

*Ar ei ymddeoliad o'r pulpud wedi 70 mlynedd
o bregethu a gweinidogaethu, Rhagfyr 2019*

Bererin Duw, saith degawd fu dy rawd
yn crwydro'r bröydd i ledaenu'r Gair,
dy ofal drosom megis cariad brawd
wrth i ti sôn am Iôr a Christ fab Mair.
Goleuai dy bregethau'r muriau llwm,
ac wedi'r Fendith, sgwrs fach wrth y glwyd
am anturiaethau doniol Lloyd y Cwm
cyn troi am adre hyd y briffordd lwyd.
'Hwyl i chi nawr, wela i chi eto, sbo,'
a ffwrdd â ti, draw dros y bryniau pell,
dy wylio di'n diflannu rownd y tro,
ninnau, o gael dy gwmni'n teimlo'n well.
Heb dy bulpuda, tlotach yw'n heglwysi,
ond o ben talar, gwêl mor gain dy gwysi.

I Kate Lloyd yn 90 oed

Hen lodes go lew
yw Kate Gilfach-rhew,
hyhi yw brenhines ein bro,
yn ei chartref bach gwledig,
does neb mwy caredig
a'i chroeso'n nodedig bob tro.

O gwpwrdd y seld
os galwch i'w gweld,
fe ddaw allan botelaid o wisgi,
ac ar ôl dau neu dri
bydd peryg i chi
fynd adre gan deimlo'n reit ffrisgi.

Dymunwn yn daer
bob hwyl i'r hen chwaer,
a dyma obeithion pob ffrind –
y caiff iechyd ac awydd
i gyrraedd y canmlwydd;
does dim ond deg mlynedd i fynd!

I Gofio am Kathleen Meredith

*Gwasanaethodd Ysgol Feithrin y fro
am chwarter canrif*

Treuliaist flynyddoedd meithion
yn hybu ein rhai bach,
a dyma ninnau weithion
wrth i ni ganu'n iach
yn diolch i ti wrth y cant
am d'ofal tyner dros 'rhen blant.

Y Drws Agored

*I'r Doctor Thomas John Barnardo,
a enwodd ei loches gyntaf yn 1866 yn
'The Ever Open Door'*

Fel Crist, croesewaist atat blant colledig
heb wahardd un rhag croesi'th drothwy byth,
cyweiriaist wely clyd i'r rhai blinedig,
i'r rhai fu'n crwydro, lluniaist lwybrau syth;
corlannu wnaethost ddiadelloedd coll,
gwyddet mai praidd colledig ydym oll.

Agoraist holl drigfannau cêl dy galon
lle gallai'th frodyr lleiaf ganfod byd
heb boen na braw, yn rhydd o bob gofalon,
codaist y gwan o'r palmant ac o'r stryd;
hyn oll a wnest, heb geisio bod yn sant,
dy unig nod fu diogelu'r plant.

'Deuwch, blant bychain, deuwch ataf fi,'
llefaraist, wrth ailadrodd geiriau'r Iôr,
a heddiw gwelwn ffrwyth dy lafur di;
i blant colledig bellach y mae dôr.
A phan fo'r nos o'ch cwmpas yn dwysáu,
dewch adre, blantos, nid yw'r drws ynghau.

Ffyliaid Ebrill

Arwyr Llun y Pasg 1916,
'... I speak that am only a fool.
A fool that hath loved his folly,'
Padraig Pearse

Mae 'na ffyliaid di-ildio i'w cael ym mhob oes,
 mynnant gicio a brathu a thynnu'n groes;

ond dyma i chi ffyliaid, heb gyfri'r gost,
gychwynnodd wrthryfel o fewn swyddfa bost.

Ac mae yna ffyliaid sy'n mynnu o hyd
 adlynu eu stamp ar ein parsel o fyd.

Ond fe drodd ffyliaid Ebrill yn arwyr gwerin –
 ynfydu ar ryddid wnaeth ffyliaid Erin.

Ffarwél Agistri

Medi 2022

Mae'r injan yn tuchan a'r bagiau'n yr howld,
ar chwâl mae'r gwylanod oedd gynnau mor bowld.

Yr harbwr ym Milos tan lesni di-draul,
y cathod sy'n hepian yn swrth yn yr haul.

Mae'r dolffin hedegog yn turio drwy'r swnt,
ei drwyn yn anelu at y tir mawr tu hwnt.

'Yasou' i Andreas, westywr mor hael,
'Yasou' i Eleni a'i chyfarchiad di-ffael.

Ddim mwy fydd Maria yn tywallt gwin coch
a lliw'r *Kostifali* fel y gwrid ar ei boch.

Dim mwy o *dolmades* wedi'u lapio mewn dail,
na'r *baklava* mor felyn â sleisen o'r haul.

Avrio Limenaria a'i geilogod yn gôr,
lle mae'r pabis yn finlliw ar wefus y môr.

Avrio Aponisos, lle mae'r asur yn llen
heb ffin i wahanu y môr wrth y nen.

Ond di-hid yw'r dolffin a'i sboncio di-baid,
a synnwyr sy'n mynnu mai gadael sy' raid.

O'n blaen daw Piraews yn nes ac yn nes;
o'n hôl mae Agistri yn toddi'n y tes.

Yr Ysgol ar y Rhiw

Cân Ysgol y Bont

Ger y ffordd sydd rhwng dau bentre
saif hen ysgol fach y wlad,
lle mae plantos glannau Teifi'n
derbyn bendith addysg rad;
daliwn drwy ein hoes yn driw
i'n hen ysgol ar y rhiw.

Er ein bod ni'n deulu cymysg
o ran gwlad ac o ran iaith,
y Gymraeg sydd yn ein huno
yn ein chwarae fel ein gwaith;
daliwn drwy ein hoes yn driw
i'n hen ysgol ar y rhiw.

Rhwng hen fawnog lom Rhos Marchnant
draw hyd rostir Gelli Gron,
rhwng Pen-bwlch a Chors Glan Teifi
codi wnawn ein llef yn llon,
daliwn drwy ein hoes yn driw
i'n hen ysgol ar y rhiw.

Diolch wnawn i'r holl athrawon
sy'n arloesi wrth y llyw,
wrth ein dysgu sut i ddarllen,
dysgu cyfrif, dysgu byw;
daliwn drwy ein hoes yn driw
i'n hen ysgol ar y rhiw.

Cerddi'r Wyrion

I Ffredi Mewn Cwsg

Efelychiad o 'The Dream Fairy'
gan Thomas Hood

Tylwythen deg ddaw yn y nos
lygatlas dlos, a'i gwallt fel cawn,
dwy adain wen yn frith o sêr,
a disgyn wna o'r lleuad lawn.

Deil yn ei llaw wialen hud,
a phan mae Ffredi bach yng nghwsg
fe'i chwifia'n ysgafn uwch ei grud
gan greu aroglau teim a mwsg.

Yna breuddwydia bethau da,
am ffrwythau'n hongian ar bod llwyn,
brithyllod aur mewn pyllau glas
a hwyian colomennod mwyn.

Caiff lunio cuddfan fach o ddail
a blodau na wnânt wywo byth,
caiff weld pryfetach bach yr haul
a thitw'n adeiladu nyth.

Caiff glywed eos uwch ei ben
yn canu cân a phyncio cerdd,
a chanlyn wna ieir bach yr haf
hyd lwybrau cwsg dros weirglodd werdd.

Ar Fedydd Ffredi

Emyn ar dôn 'Praise My Soul'

Wrth Dy ffynnon sanctaidd, Arglwydd,
fe gyflwynwn blentyn bach,
hidla drosto ddafnau graslon,
fân ddiferion gloywon iach;
yn Dy ddwylo
i'w fendithio
a'i anwylo, derbyn ef.

Yn ei grud o ddiniweidrwydd,
cadw ef rhag unrhyw nam,
ac yn gwrlid dros ei ofnau
taena gariad tad a mam;
yn Dy ddwylo
i'w fendithio
a'i anwylo, derbyn ef.

Nydda iddo fyd o heddwch,
crea iddo fyd o gân,
un sy'n ardd o ddail a blodau,
byd llawn trydar adar mân;
yn Dy ddwylo
i'w fendithio
a'i anwylo, derbyn ef.

Llunia iddo nef ddigwmwl,
boed ei ddyddiau oll yn bêr,
a thrwy nosau ei freuddwydion
tywys ef hyd lwybrau'r sêr;
yn Dy ddwylo
i'w fendithio
a'i anwylo, derbyn ef.

Eira Cyntaf Anni

Hen iâr yn y cwmwl
ysgydwodd ei phlu
a'u chwalu'n gonffeti
dros Anni fach gu.

Syllu wnaeth Anni,
ei llygaid yn fawr,
a'r plu'n dal i ddisgyn
fel cen o wallt cawr.

Y plu mân yn hofran
a throelli'n ddibaid,
ac Anni'n gafaelyd
yn dynn yn llaw Taid.

Troellodd un bluen
yn ysgafn a mwyn
cyn glanio'n ogleisiol
ac oer ar ei thrwyn.

'Hen iâr!' gwaeddodd Anni,
'dwi'm eisiau dy blu.
Gad iddyn nhw ddisgyn
ar ben moel Tad-cu!'

Stori Wir

Pwy wyt ti heddi, Ffredi?
Pa arwr wyt ti nawr?
Chewbacca neu Han Solo?
Neu'r dewr Lywelyn Fawr?
Ai'r cawr Caradog, falle?
Siôn Cwilt neu Barti Ddu?
Pwy wyt ti heddi, Ffredi ...?
'Fi yw dy ŵyr, Dad-cu.'

Efelychiadau

Ti

Er cof am Dewi Pws

Ti
oedd ein Dewi dawnus
ond o'et ti ddim yn sant,
Ti
oedd ein dewin dwlaf
ac arwr mawr y plant,
Ti,
dim ond Ti,
dim ond Ti i Ni.

Ti
oedd y bachan siriol,
yn cuddio gwae â gwên,
Ti
oedd y plentyn bythol
nad aeth erioed yn hen.
Ti,
ie dim ond Ti,
dim ond Ti i Ni.

Ti
a Hi Rhiannon,
yn tynnu coes y Sais,
Ti oedd ein Eric Morcambe,
a Hi ein Ernie Wise.
Ie, Ti a Hi,
Dim ond Ti a Hi.

Ti,
beth yw'r niws lan fan'na?,
Oes 'na siawns am sgŵp?
Wyt Ti a dau hen gyfaill
wrthi'n ffurfio grŵp?

Grŵp o dri,
John a Charli
a Ti?
Dwed 'tho Ni.

I Ni
mae'r byd yn llawer tlotach
heb dy wallgofrwydd doeth;

hebot Ti
does 'na ddim all atal
ein dagrau chwerwon poeth.
Ie, dagrau lu
ein chwerthin a'n crio Ni
o'th gofio
Di.
Ein Dewi bythol Ni,
Ti.

Cân yr Aengus Crwydrol

'The Song of the Wandering Aengus'
gan W. B. Yeats

Crwydrais drwy drwch o frithgoed dyfn
gan fod fy mhen yn dalp o dân,
ac ar flaen gwialen clymais un
aeronen goch ar edau wlân;
gwyfynod gwyn oedd lond y nos,
fel gwreichion chwil yn gryndod chwâl,
teflais yr abwyd coch i'r dŵr
a bachais frithyll syn o'i wâl.

O'i ollwng ar y glaswellt llaith
chwythais farwydos llwyd y tân,
ond clywais siffrwd dan fy nhraed
a galwyd f'enw mewn sain cân,
y brithyll droes yn eneth hardd
a blodau'r falau lond ei gwallt,
amneidiodd arnaf, trodd a ffoi,
toddodd yn un â choed yr allt.

Er 'mod i'n hen o'm crwydro maith
o'i hymlid hyd y tiroedd draw,
fe'i daliaf a chusanaf hi
a chydio'n dyner yn ei llaw,
a rhodiaf drwy weirgloddiau brith
gan blycio weddill f'oes ddi-draul
afalau arian pur y lloer,
afalau euraid pêr yr haul.

Lle i Golli 'Mhen

'A Place to Fall Apart'
gan Merle Haggard

Ofnaf na wnaf byth eto weld dy wyneb;
ai'r llythyr hwn yw'th ffarwél olaf un?
Rhaid i ti ddeall 'mod i bron ynfydu
yn mwydro yn fy uffern fach fy hun.
Wnei di 'sbonio wrtha i'r hyn ddigwyddodd
mewn llythyr yn dweud pam cyn tynnu'r llen?
Rwyf yma rhwng dy garu di a'th gofio
wrth chwilio am fan lle galla i golli 'mhen.

Chwilio am fan lle galla i golli 'mhen,
chwilio am fan lle galla i golli 'mhen,
chwilio am rywle i wrando sŵn hen galon gloff yn dryllio,
chwilio am le i guddio pan fo'r dagrau'n dechrau llifo,
rwy'n chwilio am fan lle galla i golli 'mhen.

Alla i ddim deall pam wnest ti fy ngadael,
dirgelwch ydi'r cyfan, dyna'r gwir,
roedd popeth yn ei le nes i ti ffonio,
yr alwad ydw i'n dal i'w chofio'n glir;

anfon gair i ddweud beth oedd y rheswm,
does dim byd yn gwneud synnwyr dan y nen,
fe'm daliwyd rhwng dy garu di a'th gofio
wrth chwilio am fan lle galla i golli 'mhen.

Chwilio am fan lle galla i golli 'mhen,
chwilio am fan lle galla i golli 'mhen,
chwilio am rywle i wrando sŵn hen galon gloff yn dryllio,
chwilio am le i guddio pa fo'r dagrau'n dechrau llifo,
rwy'n chwilio am fan lle galla i golli 'mhen.

Mymryn Bach Tu Hwnt

'Just Out of Reach'
gan Virgil 'Pappy' Stewart

Cariad, fe all fyw am sbel,
yna, mynd heb ddweud ffarwél,
dim ond nodyn ar y bwrdd,
tithau nawr sy'n bell i ffwrdd,
rhy bell i deimlo gwres ein cariad ni,
rhyw fymryn bach tu hwnt i 'mreichiau i.

Yn nyfnder nos dy wyneb ddaw
i wenu arnaf o'r fan draw,
ond yma rwyf ar ben fy hun
heb ddim ohonot, dim ond llun,
rhy bell o'm cusan mae'th wefusau di,
rhyw fymryn bach tu hwnt i 'mreichiau i.

Hen deimlad unig ddaw o hyd,
hebddot ti, mor wag yw'r byd,
breuddwyd ar ôl breuddwyd hir,
hen addewid na ddaw'n wir,
rhy bell, rhy bell i ffwrdd o'th gariad di,
rhyw fymryn bach tu hwnt i 'mreichiau i.

Y Blodyn Gwyllt

'Wildwood Flower'
gan The Carter Family

Yn glymau'n fy ngwallt
plethais flodau a dail,
y rhosyn mor goch
a'r friallen ddi-ail,
fioled o'r goedwig
a'r eirlys o'r ardd,
y pabi lliw gwaed
a'r pêr wyddfid mor hardd.

Fe wnes ddawnsio a chanu,
fy nghalon oedd lon,
ond suddodd i'r gwaelod
fel plwm dan y don,
fe ganfu ferch arall,
rwyf welw fy lliw,
fy ngrudd fel y lili
a dyf dan yr yw.

Addawodd fy ngharu,
　　addawodd y byd,
ni ddeuai merch arall
　　i ddenu ei fryd;
ond gadael a wnaeth
heb un gair o ffarwél,
a do, rwy'n cyfaddef,
　　fe wylais am sbel.

Efe oedd y cyntaf
　　i geisio fy llaw,
efe fydd yr olaf
pa ffawd bynnag ddaw;
efe oedd fy mhopeth
a'i freichiau mor glyd,
a chystal cyfaddef,
　　rwy'n wylo o hyd.

Do, fe'm dysgodd i'w garu,
　　fe'm gwasgodd i'w gôl;
ond er y gwn bellach
　　na ddaw fyth yn ôl,
fe wylaf, fe ddawnsiaf,
　　y ddau bob yn ail
nes claddu fy nhristwch
　　tan flodau a dail.

Canu'n Iach

'Steal Away' gan Phil Coulter

Cytgan

Canu'n iach, rhaid canu'n iach,
sdim rheswm mwy i oedi
ailddechrau'r daith, mae'n siwrnai faith
wrth i ni ganu'n iach.

Gwnawn lithro draw o olwg pawb
i ganlyn ein breuddwydion,
o'n dyddiau sur a'n nosau hir,
ffarwél i'n holl dreialon.

Cytgan

Gwnawn ganu'n iach a chilio draw
lle na all neb ein canfod,
o'r oriau blin, pob nos ddi-hun
fu'n rhan mor hir o'n hanfod.

Cytgan

Ffarwelio wnawn â'r strydoedd llwm
a'u mwstwr digywilydd,
a law yn llaw drwy haul neu law
heneiddiwn gyda'n gilydd.

Cytgan

Rhaid dewis nawr rhwng nos neu wawr
gan fentro yn lle pwyllo,
ac ym mhen draw'r man gwyn man draw,
fydd neb ar ôl i'n twyllo.

Cytgan

Nefoedd Ronnie

*Ronnie Drew o'r Dubliners, 1934–2008,
gan John Sheahan*

Sut beth ydi e, Ronnie – y bywyd newydd hwn?
Tebyg i'r un a beintiwyd gan y meistri?
Gorweddian ar gwmwl llaith yng nghwmni bodau adeiniog
yn gwrando ar delynau ddydd a nos?

Medrwn dy gynnwys yn y llun,
ond nid dy ddisgwyliadau:
'A wnaiff rhywun, er mwyn Duw,
fy nwyn i lawr nawr ar unwaith
at ffynnon y gwin pefriol?
Onid dathliad oedd hyn i fod?'

Lluniaf, yn hytrach, beintiad amgenach:
gwelaf dy ysbryd, o'r diwedd yn rhydd
o'i gadwyn fydol
yn hedfan tuag at ryw ymwybyddiaeth newydd,
yn clebran â Kavanagh
heb lyffetheiriau geiriol:
heb y cywilydd o gael dy wrthod
gan bedair o dafarndai Baggot Street.

Weithian daw'r cyfan yn glir –
Ulysses yn symlach na Gweddi'r Arglwydd,
Becket bellach heb ddisgwyl Godot,
a Joe O'Broin yn llithro draw
gyda gwên ddireidus:
'Sut hwyl, Ronnie?
Gwnaethost fi'n rhywun o'r diwedd.
Clywais fod Cliodhna a Phelim wedi dewis fy ngherdd
ar gyfer cloi'r Offeren;
ond doedd dim rhaid i ti frysio ...
does dim amser cau fyny yma –
dim ond un awr sanctaidd hir, ddiddiwedd.'

Nawr fe ymddengys Deirdre
i bontio bwlch poenus o bedwar mis ar ddeg
heb lestair cyrff;
mae'ch ysbrydion yn cofleidio a chordeddu
mewn cylchoedd diddiwedd o orfoledd
gan adael ar ôl y dirgelion mawr
a'th blagiodd di:
'Beth yw bywyd?'
'Beth yw celfyddyd?'
a 'Ble ddiawl mae Barney?'

Y Sant o Glendalough

'The Glendalough Saint' gan Dominic Behan

Yn Glendalough trigai hen sant
a rodiai hyd lwybrau Duwioldeb,
fe lwyr ymwrthodai â chwant
a doedd dim ganddo'n waeth na rhywioldeb.

Cytgan

Hei didl, hei didl, hei ai
Hei didl, hei didl, hei-adi,
Hei didl, hei didl, hei ai,
Hei didl, he didl, hei-adi.

Roedd e'n hoff o fyfyrio, oedd siŵr,
ac fe ganai'r sallwyrau bob nodyn.
Hoffai daflu ei fachyn i'r dŵr
yn y gobaith o demtio pysgodyn.

Cytgan

Fe ddaliodd ddau frithyll un dydd
ac fe dorrodd eu pennau nhw bant, do,
ond daeth Kitty i herio ei ffydd
ac fe gododd hi wrychyn 'rhen sant, do.

Cytgan

'Nawr 'te, bagla hi bant,' meddai'r sant,
'paid trethu fy mhwyll a'm doethineb;
rwyf yma bron cyrraedd fy nghant,
a does dim byd yn waeth na godineb.'

Cytgan

Ond roedd Kitty yn fenyw reit hy,
ac ar ei ffordd adre o'r festri
fe'i gwelodd drwy ffenest y tŷ
yn ceisio rhoi sglein ar ei lestri.

Cytgan

Gafaelodd yn Kitty yn dynn –
ac o na bai'r Gardai yn dystion –
fe'i taflodd i ganol y llyn,
a myn diawch i, fe suddodd i'r eigion.

Hei didl, hei didl, hei ai
Hei didl, hei didl, hei-adi,
Hei didl, hei didl, hei ai,
Hei didl, he didl, hei-adi.

Gwiriondeb

Baled Dysgu Gyrru

Closiwch yn nes, gyfeillion,
i wrando arna i'r awrhon
yn adrodd hanes un a aeth
yn gaeth i fân ofynion.

Wylwn yn awr ein gwala
dros Tomos Hafod-fila
a aeth drwy gysgod oer y glyn
'rôl boddi'n llyn y Bala.

Yn bedwar ugain union,
cyhoeddi wnaeth y gwron
y gwnai e ddysgu gyrru car
hyd briffyrdd tar anunion.

Fe brynodd felly Ffordyn
yn rhad gan ryw hen lordyn;
yr oll â'i cadwai rhag y saint
oedd cot o baent a chordyn.

'Rhen Morgan Lloyd y Sgweier
oedd yr egspiriensd dreifer,
âi gyda Tomos bob dydd Iau,
gorchwyl a wnâi am ffeifer.

Mewn car, fel ar gefn tractor,
er gwylio pob *Fferm Ffactor*,
un gwael oedd Tomos, ie wir,
    am wasgu'r indicetor.

Ei esgus gwan dros beidio
cyflawni'r cyfryw osgo
oedd, ''Musnes i yw ble dwi'n mynd,
fy ffrind, os na ti'n meindio.'

Perswadiwyd ef gan Morgan
y dylai newid anian
gan gofio gwasgu'r botwm troi
    yn gloi, yn glir a buan.

Ar ddydd y prawf, sef drennydd,
i Ŵyl yr Hen Ddihenydd
aeth Tomos gyda Morgan Lloyd
i'w oed yn Sir Feirionnydd.

Fe deimlai'n ddigon smala
o gyrraedd tref y Bala,
ond am y testyr yn sedd Moc,
roedd cnoc bach yn ei fola.

Fe aeth y prawf yn syndod,
a Tomos gadd ollyngdod,
ond o fewn dim i ben y daith
fe aeth yn annibendod.

Gan iddo lwyr anghofio
ei fod e am arwyddo,
fe hitiwyd Tomos o'r tu ôl
gan Focsol boi o'r Bermo.

Neidiodd y testyr allan –
un chwimwth oedd y bachan –
ond hyrddiwyd Tomos drwy'r sgrin wynt,
a hynny'n gynt na Batman.

Mae'r hanes trist i'w weled
yn gymen ar ffurf baled
ar wyneb marmor carreg fedd
yn hyfryd hedd Uwchaled.

Yma y ceir gweddillion
un aeth i'w fedd yn brydlon,
gwasgodd yn gywir glytsh a brêc,
ond un mistêc fu'n ddigon.

Tomos, yn ddianghenraid
foddodd ymhlith y gwyniaid;
ond boed ei enaid heddiw'n wych
a sych rhwng glân seraffiaid.

Felly, chwi ddarpar yrrwyr,
dysgwch yn fanwl drylwyr
reolau clir yr haiwe cod –
y nod yw pwyll a synnwyr.

Rhybuddiaf heno bobun
sy'n droed drom ar ei sbardun,
gochelwch oll rhag dioddef lo's
Tomos, yr anghredadun.

Arwr diarddangosiad
aeth tua'i atgyfodiad
hyd ffordd osgoi lle na cheir STOP
na'r un sbid cop na throad.

Torri'r Gyfraith

Roedd Twm Jones yn fachan reit bwysig,
roedd ganddo dŷ haf yn ne Ffrainc,
roedd e'n Feistr Grand Lodj Mesyns Llanbed
ac ef odd Prif Ynad y Fainc.
Un dydd, ac yntau'n Gadeirydd
mewn achos go fawr yn y llys,
fe fu'n rhaid gohirio'r gwrandawiad;
ond yn lle mynd adre ar frys,
i'r Blac yr aeth Twm am ryw lymaid,
a hwnnw yn llymaid go fawr,
bu wrthi am oriau yn tanco
yn ddi-stop nes torrodd y wawr.
Ac ar ei ffordd adre'n sigledig,
fe deimlodd ei stumog yn troi,
a chyn iddo fedru ei atal,
fe wyddai fod chwydfa'n crynhoi.
A chwydu wnaeth Twm dros ei flesyr,
un goch gydag arwydd y ddraig,
ac wrth iddo faglu dros stepen ei ddrws,
daeth wyneb yn wyneb â'i wraig.
A nawr rhaid oedd meddwl am esgus,
a hwnnw'n dal dŵr, mwy neu lai,
'Roedd 'na fachan yn y llys bore heddiw,'
medde Twm. 'Arno fe oedd y bai.

Roedd e'n feddw ac yn afreolus,
ac fe blediodd yn euog i sawl
cyhuddiad o darfu ar yr heddwch,
ac fe roes i bythefnos i'r diawl.
Ond wrth i ddau blismon ei arwain
i lawr tua'r celloedd o'r doc,
fe chwydodd yn blatsh dros fy mlesyr –
fe fu bron i fi farw o sioc.'
Ac ar hynny, 'rhen Twm aeth i'w wely,
lle chwyrnodd yn uchel tan un
pan wnaeth galwad ei wraig ei ddihuno
uwch sŵn grwndi'r washin mashîn.
'Hei, gwranda!' gwaeddodd honno o'r gegin
a'r dillad yn troi yn y drwm,
'Ti'n gwbod y boi wnest ti hala
i'r jael am bythefnos, Twm?
Wel, fe ddylet roi blwyddyn i'r mochyn,
yn wir, mae'r holl feddwi 'ma'n glefyd,
yn waeth na jyst sarnu dy flesyr di, mêt,
fe lenwodd dy drowser di hefyd!'

Twll

Roedd twll gan Magi Thatshyr,
roedd twll gan Lis y Cwîn,
roedd twll gan Dafydd Dafis,
rhyw foi o Ffos-y-ffin
nes iddo fethu ei ddatgloi
a pheri iddo hollti'n ddou.

Ceir tyllau mawr a bychan,
a thyllau crwn neu sgwâr,
twll gwadden a thwll botwm,
twll clomen, twll dan stâr,
ac er nas gwelais, taerwn bron
fod yna dwll gan Elton John.

Mewn twll mae'r holl wleidyddion,
Boris a'i wallt mor flêr,
Keith Starmer ar y ffens o hyd,
a'r Libs heb newid gêr,
a'r blwmin lot yn malu awyr,
a hynny drwy y twll anghywir.

Rwy'n hoff o yfed wisgi,
rwy'n hoff o yfed jin,
rwy'n hoff o yfed seidir,
llond tri neu bedwar tin;
beth alla i wneud mewn byd mor fwll,
gyfeillion hoff, ond meddwi'n dwll?

Drwy dwll y daethom oll i'r byd
a 'nôl i dwll yr awn,
a phan ddaw'r amser i mi fynd,
boed fore, nos neu bnawn,
daearwch fi mewn beddrod bas –
ond gadewch dwll i fi ddod mas.

Castell Aberteifi

Un bore braf ar ben Crug Mawr,
yr Arglwydd Rhys edrychodd lawr,
a fry o'r bryn, beth welai e
ond criw o Saeson lond y dre.
(Normaniaid o'n nhw, ddaeth o bell,
ond 'Saeson'; mae e'n swno'n well.)
Gwisgodd yn gloi ei bants a'i fest,
curodd ei ddwylo ar ei frest
a galw'i ddynion draw ar frys.
'Dewch, bois! I'r gad!' taranodd Rhys.

Cipiwyd y castell, ac ar ffo
yr aeth y gelyn, mas o'r fro.
Diddosodd Rhys y castell mawr
gan roi linoliym ar y llawr,
yn wir, yr oedd y lle'n amesing,
ffitiwyd ffenestri dybl-glesing,
a Rhys yn awr a aeth i hwyl,
a phenderfynodd gynnal gŵyl.

Ac yno'n un-un-sefnti-sics
yr eisteddfodwyr gadd eu ffics,
a gwrandwch nawr ar hyn o worning –
mae eisteddfota'n habit fforming,
a'r peryg yw yr aiff yn waeth
os cydiwch yn y canu caeth.
Gorddefnydd o'r cyhydedd nawban
a all eich gwneud chi'n boncyrs benwan.

Ond torraf stori hir yn swta,
naw canrif 'mlan, cyfnod nid cwta,
aeth caer Cymreictod Ceredigion
am sbel yn ôl i ddwylo'r Saeson.
Rhys wisgodd eto'i bants a'i fest
a chwyddo'n enbyd wnaeth ei frest;
fe weiddon ninnau oll 'Hwrei!'
(Ocê, 'Hwrê!' mi wn sy'n iawn,
ond nid yw hynny'n odli'n llawn.)
Felly, mi weiddwn oll 'Hwrei!'
Nawr, a oes heddwch? Nagoes, glei!

Cymraeg Rili Gwd

Fi'n lyfio'r Welsh langwidj,
mae'n rili mor cŵl,
lwcus i mam fi
fy hel i Welsh Sgŵl.

Mae'n rili hileriys
gyda mêts fi'n y Blac
cael tshatio yn Welsh
a hala'r Brymis yn grac.

Fi'n browd bod yn Welshman,
a Welsh yw fy llais,
wnewch chi byth clywed fi'n
siarad langwidj y Sais.

Trydargerddi

Cyfarchiad Gŵyl Ddewi

Cymro undydd, haedda slap,
cennin plastig yn ei gap;
Cymro undydd, croch ei fawl,
daffodiliau lond ei gawl.

Geiriadur

Fe gefais grant i lunio
geiriadur at bob iws;
ond beth yw'r blwmin pwrpas?
Mae'r oll yng nghyfrol Briws.

Ysgoldy Gorffwysfa

A drowyd yn dŷ annedd

Rhwng Bwlch-y-gwynt a sgwâr Ffair Rhos,
sain emynau lenwai'r nos,
ond mae'r Dôn y Botel daith
bellach wedi newid iaith.

Beddargraff Barwnes

Angau ni wna negydu,
dewch yma i ymhyfrydu;
mae'r Fenyw Haearn yn ei bocs
o'i chwrls i'w chlocs yn rhydu.

Limrigau Amrywiol

Aeth menyw o ardal y Fenni
i'r Talbot i brofi'r bwydlenni;
ond ar ôl llyncu sawl
basned anferth o gawl
fe hwdodd y diawl dros fy mhen i.

Ym mar cefn y Talbot un noson
bu Brymi yn chwythu bygythion;
canlyniad y ffrae
a fu rhyngom ni'n dau
yw bod un Sais yn llai yn Nhregaron.

Hen ferch fu Hefina erioed
sy'n ymddangos yn hynach na'i hoed;
nawr, yn ôl Bet ei chwâr
mae hi'n canlyn Wil Sâr –
mae hi'n da'r i ddod 'nôl at ei choed.

Bu Jemima'n gerddorol erioed,
aelod hynaf band Betws-y-coed;
does 'da'i ddim clarinét,
dim trombôn na thonette,
ond mae corn nêt ar fys bach ei throed.

Gweld Cymru'n cael rhyddid parhaol,
am hyn rwy'n breuddwydio'n feunyddiol,
ond â'm llygaid yn llaith,
dihunaf i'r ffaith
mai'r Saesneg fydd iaith y dyfodol.

Nodiadau

Mae'r tair cerdd agoriadol yn gerddi buddugol Coronog Eisteddfodau Pantyfedwen, Pontrhydfendigaid yn 2016, 2017 a 2019. Enillias y Goron yno hefyd 'nôl yn 2007 gyda'r gerdd 'Llwybrau' a geir yn *Cerddi'r Bont* a gyhoeddwyd yn 2011.

Yn ôl gofynion yr Eisteddfod, cerdd o 80 llinell oedd y bryddest gyda'r teitl 'Alltud'. Euthum ati wedyn i'w hymestyn gan ymron ei dwblu i 150 llinell a'i hanfon i gystadleuaeth y Goron ym Mhrifwyl Môn 2017 dan y teitl 'Trwy Ddrych'. Cafodd ymateb da gan Gwynne Williams gan ei gosod yn ail.

Mae nifer o ddelweddau'r cerddi yn 'Gwrthryfel' yn adleisio'n fwriadol gyfeiriadau yng ngherddi a chaneuon y cyfnod. Ceir dyfyniadau o rai o gerddi Yeats o flaen pob cerdd ac eithrio un. Mae'r trydydd caniad yn lled-gyfieithiad o gerdd Liam MacGabhann, 'The Poem of James Connolly', lle ceir milwr o Gymro yn myfyrio dros y ffaith iddo fod yn un o ddienyddwyr Connolly.

O ran sefyllfaoedd, yn Swyddfa'r Post y cychwynnodd y Gwrthryfel. Trigai Padraig Pearse yn 27 Great Brunswick Street. Yng Nghwrt y Torrwyr Cerrig y dienyddiwyd Connolly a'r lleill. Yng Nghwt 7 yn y Fron-goch y carcharwyd Michael Collins. Yng ngardd Eglwys y Galon Sanctaidd, Bryn y Deildy y claddwyd y rhai a ddienyddiwyd.

Enwau perthnasol: Baile Átha Cliath – Dulyn. Cill Mhantáin – Wicklow. 'Nyni ein hunain' yw ystyr 'Sinn Féin'. Tara yw mynydd sanctaidd y Gwyddelod. Finn yw Fionn mac Cumhaill, arweinydd mytholegol y Fianna. Chill Mhaighnean yw Kilmainham. Cnoc an Arbhair yw Arbour Hill neu Fryn y Deildy.

Bu'r emyn 'Estyn Llaw' yn fuddugol yn Eisteddfod Pantyfedwen Pontrhydfendigaid 2017.

Mae 'Unigrwydd' yn coffáu Selwyn Jones. Trigai ym Mro Mebyd ar draws y clos i'm cartref i. Bu farw yn 70 oed fis Chwefror 2022.

Mae'r soned 'Laudate' yn deyrnged i Neli Jones, gweddw Selwyn, ar ei phen-blwydd yn 80 oed. Mae hi wedi hyfforddi cannoedd o blant ar y piano erbyn hyn, wedi cyfeilio mewn cyngherddau ac eisteddfodau ac wedi bod yn organyddes yng nghapel Rhydfendigaid ers yn 16 oed.

Bu'r soned 'Y Gors' yn fuddugol yn Eisteddfod Pantyfedwen, Pontrhydfendigaid 2016.

'Troi a Throsi' – llofruddiwyd April Jones, merch bum mlwydd oed o Fachynlleth, yn 2013. Ni chanfuwyd ei chorff ar wahân i olion gwaed ac ychydig ddarnau o esgyrn. Ymson dychmygol ei mam, Dawn, yw'r soned.

Bu farw'r Parch. Lewis Wyn Daniel ym mis Medi 2001. Bu'n weinidog yn y fro hon ar dair eglwys heb hawlio unrhyw gyflog.

Bu farw Kate Lloyd, un o gymeriadau mawr y fro, yn 2021.

Mae 'Ffarwél Agistri' yn cofnodi ymadawiad Jên a minnau ag Ynys Agistri yn y Môr Aegean am y tro olaf o bosib ar ôl 30 mlynedd o fynd yno ar wyliau. Wrth i ni heneiddio, aeth y daith hirfaith yn rhy ddyrys i ni. Y dolffin hedegog yw'r *Flying Dolphin*, cwch cyflym sy'n cludo teithwyr rhwng Piraews ger Athen a'r ynysoedd.

Cyfieithais gerdd Yeats, 'The Song of the Wandering Aengus', fel her gan fy athro Cymraeg, John Roderick Rees, yn y Chweched Dosbarth yn Ysgol Tregaron yn 1958 wrth i ni gymharu'r bardd mawr Gwyddelig ag R. Williams Parry. Aeth 60 mlynedd heibio cyn i mi lwyddo i wireddu fy addewid.

Ymddangosodd 'Nefoedd Ronnie' yn *Cerddi'r Bont*, ond rwyf yn ei chynnwys yma am i mi, drwy flerwch, gambriodoli'r gerdd wreiddiol i Patrick Kavanagh. Yr awdur yw ffidlwr band y Dubliners, John Sheahan. Cefais y fraint o fod yn ffrindiau â Ronnie ac aelodau eraill y band. Enwir Barney, y chwaraewr banjô. Roedd gan Barney McKenna'r ddawn i fynd ar goll yn aml pan ddylai fod ar y llwyfan.

Deirdre oedd priod Ronnie a Cliodhna a Phelim yw ei blant.

Seiliodd Dominic Behan 'The Glendalough Saint' ar hen chwedl am Sant Kevin (Sant Caoimhin g. 498). Yn ôl hen chwedl, fe'i temtiwyd gan ferch ifanc ac fel ymateb gafaelodd ynddi a'i thaflu i'r llyn a'i boddi. Poblogeiddiwyd y gân yn ddiweddarach gan y Dubliners.

Cyfansoddais 'Castell Aberteifi' ar adeg pan oedd yna gryn anghydfod parthed gweinyddiad menter y castell. Da medru dweud fod yr anghydfod hwnnw wedi dod i ben yn fuan wedyn. Mae'r castell bellach yn atyniad poblogaidd a gwerthfawr ac mewn dwylo diogel. Byddai'r Arglwydd Rhys wrth ei fodd.

Saif Ysgoldy Gorffwysfa, cyn-gysegr y Methodistiaid ar sgwâr Ffair Rhos. Fe'i prynwyd gan ddieithriaid a'i droi'n dŷ annedd. Mae'r rhigwm yn adleisio llinellau agoriadol pryddest Goronog y Prifardd a'r cyn-Archdderwydd W. J. Gruffydd, 'Ffenestri':

> Nid oes o Fwlch y Gwynt ond Tôn y Botel daith
> I sgwâr Ffair Rhos ...

Cyhoeddiadau
barddas